BEI GRIN MACHT SICH IHR WISSEN BEZAHLT

AF136383

- Wir veröffentlichen Ihre Hausarbeit,
  Bachelor- und Masterarbeit

- Ihr eigenes eBook und Buch -
  weltweit in allen wichtigen Shops

- Verdienen Sie an jedem Verkauf

Jetzt bei www.GRIN.com hochladen
und kostenlos publizieren

Bibliografische Information der Deutschen Nationalbibliothek:

Die Deutsche Bibliothek verzeichnet diese Publikation in der Deutschen National-
bibliografie; detaillierte bibliografische Daten sind im Internet über http://dnb.d-
nb.de/ abrufbar.

Impressum:

Copyright © 2019 GRIN Verlag
Druck und Bindung: Books on Demand GmbH, Norderstedt Germany
ISBN: 9783346075963

Dieses Buch bei GRIN:

https://www.grin.com/document/508642

A. S.

Elemente des Rassismus und Nationalsozialismus in "Harry Potter"

Zusammenhang zwischen Fiktion und Realität

GRIN Verlag

GRIN - Your knowledge has value

Der GRIN Verlag publiziert seit 1998 wissenschaftliche Arbeiten von Studenten, Hochschullehrern und anderen Akademikern als eBook und gedrucktes Buch. Die Verlagswebsite www.grin.com ist die ideale Plattform zur Veröffentlichung von Hausarbeiten, Abschlussarbeiten, wissenschaftlichen Aufsätzen, Dissertationen und Fachbüchern.

Besuchen Sie uns im Internet:

http://www.grin.com/

http://www.facebook.com/grincom

http://www.twitter.com/grin_com

Geschwister-Scholl-Gymnasium

Frankfurter Straße 70

15517 Fürstenwalde

Schuljahr 2019/2020

Seminarkurs Geschichte, Land und Leute Großbritanniens

beziehungsweise Frankreichs

Zusammenhang zwischen Fiktion und Realität

Elemente des Rassismus und Nationalsozialismus in

„Harry Potter"

von

A. S.

Abgabe erfolgte am 04. September 2019

Unterschrift:

Inhaltsverzeichnis

1. Einführung in die Inhalte der Seminararbeit

„Harry Potter" ist ein Roman, der jedem Menschen bekannt ist. Doch nur Wenigen ist es bewusst, dass dieses Werk von viel mehr handelt als lediglich um die Geschichte eines Jungens, der die Zauberei erlernt. Es ist vielmehr eine Erzählung über Werte und Probleme einer fiktiven Welt, die unserer Gesellschaft so ähnlich ist.

„[D]ie Welt [teilt sich] nicht in gute Menschen und Todesser. Wir haben alle sowohl
eine helle als auch eine dunkle Seite in uns. Es kommt darauf an, welche Seite
wir für unser Handeln aussuchen. Das macht uns wirklich aus."

(Yates, David: Harry Potter und der Orden des Phönix, 2007.)

Mit diesen bewegenden Worten wird bereits der Hauptkonflikt der gesamten „Harry Potter"-Reihe angesprochen, der auch Inhalt meiner Seminararbeit ist. Spezifiziert geht es um die Auseinandersetzung zwischen zwei Seiten einer Gemeinschaft, die Eine geprägt durch Hass und rassistische Denkweisen, die Andere durch ihren Kampf für Gleichberechtigung und gegen das Böse. Es bleibt uns überlassen, die richtige Seite zu wählen.

Um eine Grundlage für weitere Überlegungen im Rahmen meiner Seminararbeit zu erlangen, beginne ich mit einer kurzen Zusammenfassung der Ereignisse der „Harry Potter"-Reihe und erkläre daraufhin, was genau unter Rassismus zu verstehen ist. Somit wird es mir ermöglicht, rassistische Denk- und Handlungsweisen im Werk „Harry Potter" zu analysieren und mithilfe von Beispielen auf ihre Konsequenzen aufmerksam zu machen. Zusätzlich erforsche ich im Rahmen meiner Arbeit mögliche Parallelen zur Zeit des Nationalsozialismus und erkläre ihre Bedeutung innerhalb der Romane. Eine Befragung soll hierbei meine Ergebnisse bekräftigen und erweitern.

Als es zur Phase der Themenfindung unserer Arbeiten kam, war mir durchaus bewusst, dass ich über etwas schreiben möchte, was im Allgemeinen mit den „Harry Potter"-Romanen zusammenhängt. Bereits in der Vergangenheit sind mir beim Lesen der „Harry Potter"-Heptalogie viele Textstellen aufgefallen, die Gemeinsamkeiten zur Zeit des Deutschen Reiches aufweisen oder die sich generell mit der Thematik des Rassismus beschäftigen. Aufgrund der Allgegenwärtigkeit dieser Problematik habe ich beide Themenstränge miteinander verknüpft und nutze nun die Gelegenheit, genauer über ihren Zusammenhang zu forschen. Inwiefern J. K. Rowling mit ihrem Werk auf rassistische Ideologien eingegangen ist und welche Parallelen zum Nationalsozialismus geschaffen wurden, werde ich im folgenden Hauptteil meiner Seminararbeit untersuchen.

2. Elementare Zusammenfassung der „Harry Potter"-Romane

In dem nach seinem Protagonisten benannten Werk „Harry Potter" geht es um einen Waisen, der nach dem Tod seiner Eltern bei seiner Tante und seinem Onkel aufwachsen muss. Von ihnen wird er stets schlecht behandelt, weil er anders ist als die meisten Kinder, denn Harry ist ein Zauberer. Dies erfährt er erst im Alter von elf Jahren, als ihm seine Aufnahme an die Zauberschule Hogwarts mitgeteilt wird. Seine Eltern wurden von dem berüchtigten dunklen Zauberer, Lord Voldemort, getötet, als Harry ein Jahr alt war. Der dunkle Lord war damals auf dem Höhepunkt seiner Schreckensherrschaft über die magische Bevölkerung. Er wollte Harry, der laut einer Prophezeiung dazu bestimmt war, zu seinem bedeutendsten Gegner heranzuwachsen, aus dem Weg räumen, um seine Unsterblichkeit zu erzielen und somit seine Macht zu sichern. Doch Harry überlebte durch die Liebe seiner Mutter, eine Macht, die Voldemort nicht kennt. Der Fluch, den dieser auf ihn ausübte und den bisher noch keiner überlebt hat, prallte auf Voldemort zurück, welcher daraufhin aus seinem Körper gerissen wurde. Harry selbst wurde dadurch zu einem berühmten Helden für die magische Welt.

Jeder der sieben „Harry Potter"-Romane spiegelt ein Schuljahr in Hogwarts wieder, in dem er zusammen mit seinen Freunden Hermine Granger und Ronald Weasley viele Abenteuer erlebt. In ihrem ersten Schuljahr stehen sich Voldemort und Harry erneut gegenüber. Harry kann ihn zwar vorerst aufhalten, doch die Zahl Voldemorts Anhänger, der Todesser, vergrößert sich nach seiner Rückkehr erneut. Jahre später gelingt es ihm und seiner Gefolgschaft, das Zaubereiministerium zu infiltrieren und das Böse zurück an die Macht zu bringen. Die Ideologie der Blutreinheit, welche die Unterdrückung von Muggeln, Zauberern sowie Hexen mit Muggelabstammung und anderer als minderwertig betrachteter Gruppen mit sich bringt, steht im Vordergrund. Die benannten Gruppen werden ohne weiteren Grund verhaftet oder verfolgt.

Schlussendlich gelingt es Harry, die magische Bevölkerung vor Voldemorts Machenschaften zu retten und diesen ohne Gewalt zu töten. Die gute Seite siegt.

3. Rassismus im 21. Jahrhundert

3.1 Definition

Um eine Auseinandersetzung mit dem Thema Rassismus überhaupt zu ermöglichen, muss eine grundlegende Definition hierzu vorliegen. Johannes Zerger formulierte ein Konzept, dass „Rassismus [als] [...] Ideologien und Praxisformen auf der Basis der Konstruktion von Menschengruppen als Abstammungs- und Herkunftsgemeinschaften [umfasst], denen kollektive Merkmale zugeschrieben werden, die implizit oder explizit bewertet und als nicht oder nur schwer veränderbar interpretiert werden" (Zerger, Johannes: 1997, S.81).

Als Grundelemente des Rassismus kristallisieren sich somit zum einen eine Gruppe Menschen heraus, die durch ihre Abstammung vermeintlich gemeinsame Merkmale aufweisen. Der zweite wesentliche Punkt des Rassismus besteht darin, dass Rassisten diesen Gruppen Schaden zufügen, sie aus der Gesellschaft ausschließen und sie beherrschen. Eine Herrschaftsordnung entsteht. Die Gruppen erfahren aufgrund von Rassismus Benachteiligungen, die sie persönlich nicht beeinflussen können, sondern nur aus der Manifestierung des Merkmals ihrer Abstammung entstehen, die für sie unveränderbar ist (vgl. Schirrmacher, Thomas: 2009, S.14.).

3.2 Gründe für die Entstehung

Rassismus kommt in jeder Gesellschaft vor, in der Gruppen verschiedener Ethnizitäten aufeinandertreffen. Somit zählt es zu einem der Probleme, die wir als Alltäglich erachten. Da Rassismus innerhalb einer Gesellschaft oftmals verharmlost wird, wird gleichermaßen rechtsextremistisches Denken normalisiert und größtenteils akzeptiert.

Doch wie kann diese Ignoranz der Gesellschaft überhaupt möglich sein und sogar als Gewöhnlich bezeichnet werden? Um diese Denkweise besser verständlich zu machen, muss Wissen darüber vorhanden sein, „dass Rassismus sich [...] auf Normalität bezieht, dass er Normalität produziert, aber auch voraussetzt" (Osei, Marcus/Reiners, Hartmut: Erscheinungsjahr unbekannt, S.1.).

Damit ist die Wechselwirkung zwischen Vorstellungen von Menschen über ihre Einteilung in einzelne Gruppen gemeint; „Wir" und „die Anderen". Gleichermaßen wird diese Einteilung als Selbstverständlich erachtet. Daraus kristallisiert sich die Hauptaussage heraus, dass man sich selbst als „besser" und von höherer Bedeutung ansieht, als die von ihnen selbst kreierte Gruppe „der Anderen".

Die Wurzeln des in der heutigen Gesellschaft bestehenden Rassismus kann man hauptsächlich während der Kolonialzeit im 19. Jahrhundert finden. Erstmals wurde eine rassistische Weltanschauung innerhalb der Politik öffentlich, welche sogar als Rechtfertigung für die Eroberung und Errichtung von Kolonien genutzt wurde. Demnach seien die in den Kolonien ansässigen Einwohner „der weißen Rasse" unterlegen und von geringerem Wert, weshalb gerechtfertigt wird, sie zu versklaven, zu verfolgen oder gar zu töten. „Sie wurden als triebhaft und kulturlos bezeichnet. Es wurde ihnen ein überdimensionaler Sexualtrieb unterstellt. Den afrikanischen Männern wurden Vergewaltigungen zugetraut, die Frauen galten als zügellose Verführerinnen" (Eickelberg, Gudrun: 2013, S.3.).

„Dem schwarzen Volk" wurde anhand des Merkmals ihrer Hautfarbe eine bestimmte Mentalität zugewiesen. Durch dieses Konzept wurde die besagte Zuordnung legitimiert und als biologische Selbstverständlichkeit akzeptiert, die allein auf Vorurteilen basiert (vgl. Rommelspacher, Birgit: 2009, S.26.).

Zusätzlich wurde die Kolonialisierung in der Öffentlichkeit als etwas Positives dargestellt, da die „unterentwickelte" Bevölkerung Afrikas nun erstmals zivilisiert würde und somit in den Kontakt mit europäischen Werten trete (vgl. Eickelberg, Gudrun: 2013, S.2.).

Dies ermöglichte eine positive Selbstreputation, ein Motiv, das sich abgewandelt auch heute noch als Erklärung für rassistisches Gedankengut erweist. Durch ein negatives Fremdbild wird das eigene Selbstbewusstsein aufgewertet. Ein Überlegenheitsgefühl wird hervorgerufen, wenn es eine vermeintlich geringwertigere Gruppe gibt, die durch ein bestimmtes Merkmal, hierbei durch rassenspezifische Eigenschaften, als solche deklariert wird. Allerdings artet dieses natürliche gedankliche Grundkonstrukt in Rassismus aus, wenn es zu einem ständigen Bestandteil des Lebens eines Individuums wird, der sich stets auf die gleiche Personengruppe bezieht.

Bei der Erziehung eines Kindes durch seine Eltern werden ihre Ansichten an das Kind weitergegeben. Das Kind wird, sobald es dazu in der Lage ist, die politischen Ideologien seiner Eltern vorerst adoptieren. Ebenso würde es mit rassistischen Positionen passieren, die vorübergehend kopiert würden und somit das Kind prägen. Später erst würde ein Kind seine Einstellung überdenken. Doch wird sich rassistisches Gedankengut, sofern es einmal instituiert ist, nur selten wieder revidieren. Die Konstruktion von Bildern über „die Anderen" durch Mitmenschen und Medien wird weiterhin stattfinden, was Rassismus vielmehr reproduziert. Laut Untersuchungen Teun A. van Dijks sind hierbei die Eliten, die großen Einfluss auf die Bürger eines Landes haben, die Hauptverantwortlichen, die durch Nutzung der ihnen zur Verfügung stehenden Medien zu rassistischen Anschauungen anregen. Zu diesen besagten Eliten gehören unteranderem Politiker und Journalisten (vgl. Jäger, Siegfried: 1988, S.13.).

4. Rassismus in der Welt von „Harry Potter"

4.1 Ideologie der Blutreinheit

Die Ideologie der Blutreinheit ist ein ständiger Bestandteil der „Harry Potter"-Reihe. Anders als bei uns bezieht sich der Begriff „Rasse" in der Welt von „Harry Potter" nicht auf die Hautfarbe, sondern auf die Reinheit des Blutes. Anhand dieses Merkmals werden Personen in verschiedene Kategorien eingeteilt; Reinblüter, Halbblüter, muggelstämmige Hexen und Zauberer, Squibs sowie Muggel.

Wie auch in der realen Welt kann man erste rassistische Ansichten in „Harry Potter" schon weit in der Vergangenheit finden. Bereits Salazar Slytherin, der im Mittelalter geboren wurde und als einer der vier Gründer Hogwarts gilt, war davon überzeugt, dass „das Studium der Zauberei […] den durch und durch magischen Familien vorbehalten sein [müsse]. Schüler von Muggeleltern wollte er nicht aufnehmen, denn sie seien nicht vertrauenswürdig" (Rowling, J. K.: 1999, S.157.). Er errichtete zusätzlich die Kammer des Schreckens in Hogwarts, um mithilfe des dort lebenden Basilisken die Schule von muggelstämmigen Schülern und Schülerinnen zu befreien (vgl. ebd., S.157 f..).

Der Glaube, dass Muggel und Muggelstämmige den Reinblütern unterlegen seien, blieb weiterhin die Überzeugung einiger magischer Familien. So erklärt Draco Malfoy, reinblütiger Zauberer, direkt bei seinem ersten Zusammentreffen mit Harry seinen Standpunkt, dass er „überhaupt nichts davon [hält], die andern (Muggelstämmige) [in Hogwarts] aufzunehmen […], [weil sie] eben nicht dazu [gehören] […] [und] die alten Zaubererfamilien […] unter sich bleiben [sollten]" (Rowling, J. K.: 1998, S.88.). Er ist der Ansicht, dass „[d]ie Schule […] von allen schmutzigen Schlammblütern gereinigt werden [müsse]" (Rowling, J. K.: 1999, S. 233.). Auch die Familie Black, deren Familienmotto „Toujours pur" (Rowling, J. K.: 2003, S.135) (dt. etwa: immer sauber, stets rein) lautet, teilte diesen Standpunkt. Laut Sirius Black waren sie „alle für die Säuberung der Zaubererrasse, die Muggelstämmigen sollte man loswerden und die Reinblütigen sollten das Sagen haben" (ebd., S.136). Sirius klärt auch darüber auf, dass die reinblütigen Familien alle miteinander verwandt seien, um ihr Blut vor Verunreinigung durch Muggelabstammung zu schützen. Er selbst und auch andere

Familienmitglieder wurden von einem Wandteppich (sh. Punkt 10.2), der den Familienstammbaum zeigt, entfernt, da sie nicht in die Familiengesinnung passten (vgl. ebd., S.135ff..) (vgl. Wismeg, Rebecca: 2012, S.76ff..).

4.2 Unterdrückung von Muggeln und Muggelstämmigen

„Sie wirkte recht beängstigend, diese riesige Skulptur einer Hexe und eines Zauberers, die auf kunstvoll geschnitzten Thronen saßen. [...] Am Sockel des Denkmals waren in etwa dreißig Zentimeter großen Buchstaben die Worte MAGIE IST MACHT eingraviert. [...] Harry schaute genauer hin und erkannte, dass das, was er für zierreich gemeißelte Throne gehalten hatte, in Wirklichkeit Massen von Menschen waren, aus Stein gehauen: Hunderte und Aberhunderte von nackten Körpern, Männer, Frauen und Kinder, alle mit ziemlich dummen, hässlichen Gesichtern, krümmten sich und zwängten sich zusammen, um die Last der schön gekleideten Zauberer zu tragen. ‚Muggel', flüsterte Hermine. ‚An ihrem rechtmäßigen Platz'" (vgl. Rowling, J. K.: 2007, S. 249f.) (sh. Punkt 10.2). Diese im Zaubereiministerium errichtete Statue spiegelt die Einstellung Voldemorts und zahlreicher anderer Zauberer und Hexen wieder; Muggel sind minderwertige Geschöpfe und den Zauberern zweifellos unterlegen. Das wurde auch während Voldemorts Schreckensherrschaft in Hogwarts gelehrt. Eine Todesserin, die als Muggelkundelehrerin eingestellt wurde, vermittelt dort, „dass Muggel wie Tiere sind, dumm und schmutzig" (ebd., S.582.). Jegliche Widerrede seitens der Schüler wurde bestraft, somit wurden sie ruhiggestellt und mühelos indoktriniert (vgl. Rowling, J. K.: 2003, S.582ff..).

Gleicherweise gelten Muggelstämmige als Opfer von rassistischer Denkweise, was unteranderem durch die Beleidigung „Schlammblut" (u.a. Rowling, J. K.: 1999, S.117.) offenbart wird, mit der häufig die muggelstämmige Hexe Hermine Granger konfrontiert wird. Zu ihrem Glück gibt es aber auch Zauberer wie Ron Weasley, die denken, es sei „[a]bscheulich, jemanden so zu nennen"[...], [denn] heute haben die meisten Zauberer ohnehin gemischtes Blut. Wenn wir keine Muggel geheiratet hätten, wären wir ausgestorben" (ebd., S.121.). Ron's Vater, Arthur Weasley, ist ein Ministeriumsangestellter der sich stark für die Rechte von Muggeln einsetzt (vgl. Rowling, J. K.: 2000, S.58). Für diese tolerante Einstellung und seine Maßnahmen zum Schutz der Muggel wurde der Familie Weasley die Bezeichnung „Blutsverräter" (u.a. Rowling, J. K.: 2007, S.197.) auferlegt. Für viele Zauberer „sind die Blutsverräter genauso schlimm wie die Schlammblüter" (ebd., S.255.). Auch Albus

Dumbledore galt als „Fürsprecher der Gewöhnlichen, der Schlammblüter und Muggel" (Rowling, J. K.: 2000, S.677.). Zauberer und Hexen, die sich für Muggel einsetzen, werden von einem Großteil der restlichen magischen Bevölkerung verachtet. Diese rassistische Einstellung hat zu Zeiten Voldemorts Herrschaft die Oberhand gewonnen. Wer sich ihr widersetzt, wird bestraft.

4.3 Halbmenschen, Zauber- und Tierwesen

Rubeus Hagrid ist ein weiterer bei den Lesern sehr beliebter Charakter, doch auch ihm wird Rassismus entgegnet. Er wird aufgrund seines Daseins als Halbriese von den anderen ausgegrenzt. Wie auch Madame Maxime, eine andere Halbriesin, versucht er seine Abstammung zunächst zu verheimlichen (vgl. ebd., S.446ff..), um Vorurteilen aus dem Weg zu gehen.

Riesen genießen kein besonders großes Ansehen in der magischen Welt. Sie gelten als „bösartig[e]" Geschöpfe, „sie mögen einfach töten" (ebd., S.450.). Als Hagrids Abstammung schließlich doch bekannt wird, wird ihm unterstellt, das „gewalttätige Wesen [seiner Riesenmutter] geerbt [zu haben]" (ebd., S.459.). Er wird als „Monster" bezeichnet „und man sollte [ihn] erlegen" (ebd., S.569.). Von Dolores Umbridge wird Hagrid öffentlich diskreditiert, sie unterstellt ihm Dummheit und eine Neigung zu Gewalt. Dies tut sie, denn „[o]ffenbar hasst sie Halbmenschen" (Rowling, J. K.: 2003, S.357.). Hagrid selbst ist entgegen den Unterstellungen ein Mensch mit einem gutmütigen Wesen. Die Abneigung ihm gegenüber lässt sich durch Unwissenheit und Angst erklären. Dennoch wird die Umgangsweise mit ihm dadurch nicht gerechtfertigt.

Auch Remus Lupin, der als Kind von einem Werwolf gebissen und dadurch mit Lykanthropie angesteckt wurde, muss seine Krankheit verstecken. Als Harry ihm das erste Mal begegnete, „trug [er] einen äußerst schäbigen, an mehreren Stellen geflickten Zaubererumhang. Er sah krank und erschöpft aus" (Rowling, J. K.: 1999b, S.80.). Das lässt darauf hindeuten, dass Lupin extrem arm sein muss. Im fünften Teil, als Harry ihn erneut sah, sah er noch schlimmer aus als bei ihrer ersten Begegnung. Der Grund dafür ist ein Anti-Werwolf-Gesetz, welches Umbridge erstellt hat. Dieses macht es Lykanthropie-Erkrankten nahezu unmöglich, eine Anstellung zu finden (vgl. Rowling, J. K.: 2003, S.356f..). Obwohl sie nur während Vollmondnächten gefährlich sind (vgl. Rowling, J. K.: 2017, S.77.), werden menschliche Werwölfe aus der Gesellschaft ausgestoßen und verachtet. Diese auf Vorurteilen und

Rassismus basierte Handlungsweise der Gesellschaft macht es den Erkrankten nur zusätzlich schwer.

Hauselfen, die der Klasse der Zauberwesen angehören, werden von Hexen und Zauberern als Sklaven gehalten. Ein Zauberwesen ist eigentlich „ein Geschöpf, dem einklagbare Rechte in der magischen Welt zustehen" (ebd., S.xix.), doch durch diese Versklavung werden Hauselfen eben diese Rechte entzogen. Hauselfen sind dazu verpflichtet, den Anweisungen ihrer Familie stets zu befolgen. Wenn sie sich einen Fehltritt erlauben, sind sie dazu gezwungen, sich selbst durch zum Teil schwere körperliche Verletzungen zu bestrafen (vgl. Rowling, J. K.:1999, S.18.). Ihnen wird somit jegliches Recht zur freien Willensbildung abgenommen. Sie werden von der magischen Bevölkerung als absolut minderwertige Kreaturen angesehen, deren einzige Aufgabe darin besteht, den Zauberern zu dienen. Als Hermine Granger, die gegen die Versklavung der Hauselfen ist, erfährt, dass Hauselfen selbst in Hogwarts unentgeltet arbeiten, ist sie erschüttert. Darum gründet sie den Bund für Elfenrechte, B.ELFE.R, um ihre Situation zu verbessern (vgl. Rowling, J. K.: 2000, S.236.).

5. Parallelen zum Nationalsozialismus

5.1 Voldemort als fiktionale Personifizierung Hitlers

Der Hass Voldemorts (gebürtig Tom Riddle) gegenüber Muggeln und allen Personen, die Muggelblut in sich tragen, lässt sich vor allem auf seine Kindheit zurückführen. Diese war geprägt durch Einsamkeit und Armut, denn seine Mutter gebar ihn unter Nutzung eines Liebestrankes und starb anschließend bei seiner Geburt. Er wuchs daraufhin in einem Waisenhaus in London auf (vgl. Rowling, J. K.: 2005, S.216f..). Dafür macht er jedoch seinen Vater, den Muggel Tom Riddle Senior, verantwortlich. Dies entwickelte sich weiter zu seinem Hass auf alle Muggel, welche er als minderwertige Rasse ansieht. Um seine Verbindung zur Muggelwelt endgültig zu kappen, „legte er den (alten) Namen für immer ab, nahm die Identität von Lord Voldemort an" (ebd., S.365.) und tötete seinen Vater (vgl. ebd., S.370). Voldemort versuchte daraufhin seine Halbblut-Abstammung zu verstecken, für die er andere verachtete.

Eine ähnliche hypokritische Verhaltensweise weist auch Adolf Hitler auf. Dieser ist überzeugt von seiner Ideologie einer arischen deutschen Rasse, ist jedoch selber auch kein Teil davon. Er ist gebürtiger Österreicher und die Abstammung seines Vaters, Alois Hitler, ist ungeklärt. Ihm wird eine Judenabstammung unterstellt, die Adolf Hitler zum Vierteljuden machen würde. Hitler versuchte stets, seine Person zu verschleiern und sich von anderen zu distanzieren. Um ihn herum entstand somit ein Mysterium (vgl. Fest, Joachim: 2003, S.41 und S.43f..). Seine Jugendzeit ist geprägt durch den „Konflikt mit dem Vater und der Erfahrung des spannungsreichen Zusammenlebens in einem Vielvölkerstaat" (Zehnpfennig, Barbara: 2011, S.20.). Sein Vater sah für ihn eine Beamtenlaufbahn vor, wie er selbst sie durchlief, doch Hitler strebte nach etwas Größerem (vgl. Fest, Joachim: 2003, S.53.).

Neben der Ablehnung und Bevormundung durch ihre Eltern wurden beide Männer bei der Suche nach einer Anstellung abgewiesen. Adolf Hitler bewarb sich zweimal um ein Kunststudium in Wien, doch widerfuhr ihn in beiden Anläufen Rejektion. Während dieser Zeit festigte sich auch sein Antisemitismus, der zu dieser Zeit weit verbreitet war. Juden wurden damals als wirtschaftliche Bedrohung angesehen (vgl. ebd., S. 60f..).

Der junge Tom Riddle bewarb sich ebenfalls zweifach, allerdings in seinem Fall um eine Stelle als Lehrer für Verteidigung gegen die dunklen Künste in Hogwarts, doch wurde dieser in beiden Fällen abgelehnt.

Der essentiellste Punkt, der darauf hinweist, dass Voldemort als fiktionale Personifizierung von Hitler zu verstehen ist, liegt in der vergleichbaren radikalen Unterteilung der Menschen in unterschiedliche Rassen und dem Hass gegenüber einer Gruppe, der von beiden praktiziert wird. Zusätzlich besitzen beide die Intention, die besagte unterlegene Gruppe zu überwachen und auszulöschen. Sowohl Adolf Hitler als auch Lord Voldemort als fiktionale Persönlichkeit besitzen starke Führerqualitäten. Ihre Anhänger, bei Hitler die Mitglieder der NSDAP und bei Voldemort die Todesser, stehen ihnen gleichermaßen mit Furcht und Treue gegenüber.

Ein weiterer Punkt, der die Verbindung beider Personen indiziert und wahrscheinlich nicht willkürlich gewählt wurde, stellt den zeitlichen Zusammenhang dar. Während Voldemorts Schulzeit die Jahre 1938 bis 1945 umfasst, verkörpert diese Zeitspanne gleichermaßen die Zeit des Zweiten Weltkrieges geführt durch Adolf Hitler (vgl. Autor und Erscheinungsjahr unbekannt: <https://harrypotter.fandom.com/de/wiki/Tom_Riddle#WikiaArticleComments>.)

5.2 Das politische System

Die Welt von Harry Potter unter Voldemorts Herrschaft und die der NS-Zeit weisen abgesehen von ihren Führern noch weitere Parallelen auf. Beispielsweise besaßen beide Gruppierungen ein eigenes Symbol, durch welches sie ausgezeichnet wurden. Hitlers Anhänger und Soldaten trugen das Hakenkreuz häufig auf Armbinden. Auch Voldemorts Todesser besaßen ein Zeichen, das Dunkle Mal, welches in ihren Arm eingebrannt wurde, sodass eine Verbindung zwischen ihnen und Voldemort hergestellt werden konnte. Beide Zeichen wurden nach Herrschaftsende verboten.

Eine weitere Gemeinsamkeit stellt die Registrierung der „Unreinen" durch die Regierung dar. Bei „Harry Potter" gab es unter Voldemorts Leitung eine obligatorische „Registrierung der Muggelstämmigen […], um zu klären, wie sie in den Besitz magischer Geheimnisse kamen" (Rowling J. K.: 2007, S.216.). Alle Muggelstämmigen, die keinen magischen Vorfahren innerhalb ihrer Familie nachweisen konnten, galten als Diebe und wurden nach Askaban geschickt. Um diesem Verfahren zu entgehen, flüchten viele Muggelstämmige ins Ausland. (vgl. ebd., S.254ff..). Der Besuch der Hogwarts-Schule wurde ihnen ebenfalls untersagt (vgl. ebd., S.217.).

Unter Hitlers Regentschaft kam es zu ähnlichen Vorfällen, allerdings fielen diese dort noch drastischer aus. Auch Juden mussten sich registrieren lassen, damit ihre Anzahl überwacht werden konnte. Mit den Nürnberger Gesetzen kam es zu einer Einteilung Ihrer in verschiedene Klassen (Deutschblütiger, Mischling, Jude), mit der auch Heiratsbeschränkungen einhergingen (sh. Punkt 10.2). Juden waren daraufhin gezwungen, einen Davidsstern an ihrer Kleidung anzubringen, um sie öffentlich erkennbar zu machen (vgl. Tofahrn, Klaus W.: 2003, S.85.). Ihre Rechte wurden stark eingeschränkt, sie durften beispielsweise viele Berufe nicht mehr ausüben. Aufgrund dessen wanderten bis 1941 etwa 270000 Juden aus Deutschland aus (vgl. ebd., S.44.). Bis zum Kriegsende wurden etwa 5,7 Millionen Juden ermordet, ein Großteil davon in Vernichtungslagern vergast, was als effektivste Massentötungsvariante angesehen wurde (vgl. ebd., S.89.).

Eine Analogie besteht ebenfalls in der Überwachung der Ausbildung Jugendlicher. Während Voldemorts Regentschaft wurde Hogwarts vom Zaubereiministerium infiltriert. Neue Regeln wurden aufgestellt, die es ermöglichen, „die ganze Zaubererbevölkerung von einem sehr jungen Alter an unter [...] Kontrolle [zu] haben" (Rowling J. K.: 2007, S.217.). Die Möglichkeit besteht, gezielt ein rassistisches Weltbild bei den Schülern zu konstruieren. Ein ähnliches Konzept nutzt auch die Hitler-Jugend, bei der Kinder ab zehn Jahren eine nationalistische und rassenideologische Ausbildung erhalten, durch die sie auf eine Zukunft als Soldat oder Hausfrau vorbereitet werden sollen. Ab 1939 war die Teilnahme obligatorisch. (vgl. Tofahrn, Klaus W.: 2003, S.47.).

Des Weiterem wird Propaganda gezielt eingesetzt, um politische Ansichten in die Bevölkerung zu streuen und sie somit zu indoktrinieren. „Hitler kalkuliert sehr genau, wie und für wen Propaganda einzusetzen ist. Die Primitivität der NS-Propaganda, die gebildetere Menschen so abstieß, war gewollt und genau auf ihre Wirkung hin berechnet" (Zehnpfennig, Barbara: 2011, S.96). Mit seinen Reden gelang es ihm, tausende Anhänger von seinen rassistischen Ansichten zu überzeugen und somit seine Macht zu sichern. Gleichermaßen war Voldemort fähig, Menschen durch Worte zu manipulieren. Er nutzte dabei häufig das Mittel der Angst seitens seiner Gefolgschaft, der Todesser, um diese ungehindert zu steuern. Ebenfalls besitzt das Ministerium Einfluss auf den Tagespropheten, somit kann die Bevölkerung zu bestimmte Denkweisen verleitet werden. Es wurden ebenfalls Broschüren hergestellt, die Muggelstämmige als Unkraut darstellen und die reinblütige Bevölkerung, die durch eine Rose symbolisiert wird, verpesten (vgl. Rowling, J. K.: 2007, S.257.).

6. Befragung

6.1 Auswertung

Um weiterführende Erkenntnisse über das Verständnis der Rassismus- und Nationalsozialismus Thematiken innerhalb der „Harry Potter"-Romane zu gewinnen, habe ich Befragungen mit jungen Erwachsenen im Alter zwischen 20 und 29 Jahren durchgeführt, welche alle die gesamte Buchreihe gelesen sowie die Filme gesehen haben. Alle Befragten verfügen somit über ein umfangreiches Fachwissen über die „Harry Potter"-Reihe.

Als Beispiel, an welchem man Rassismus in der Erzählung von „Harry Potter" feststellen kann, gaben alle Befragten das Verhältnis zwischen Reinblütern, insbesondere Todessern, und Muggelgeborenen an. Eine Befragte nannte „[i]nsbesondere Umbridge gegenüber allen ‚Halbwesen'" als expliziteres Beispiel, da diese öffentlich ihr Unbehagen über sie kundtut.

Ebenfalls wurden Parallelen zwischen der fiktiven Welt von „Harry Potter" und der realen Welt anerkannt, wobei von einem Befragten darauf hingewiesen wurde, „dass in der Zaubererwelt direkt augenscheinliche Unterschiede (Fähigkeit zur Zauberei oder nicht) vorhanden sind, während Rassismus in dieser Welt auf „eingebildete" Unterschiede (Hautfarbe, Religion, etc.) beruht". Doch auch wenn die Existenz unterschiedlicher „Rassen" von Menschen als ein imaginäres Phänomen zu verstehen ist, gibt es dennoch Menschen, die von dieser Denkweise überzeugt sind. Die Einteilung in tatsächlich existierende Unterschiede und lediglich als solche Bezeichnete ist somit unabhängig von den Ausmaßen rassistisch bedingter Handlungen, die bereits in meiner Arbeit näher reflektiert wurden.

Ebenso wurden Gemeinsamkeiten der Vorgehensweise beider „Führer" mit den Worten: „Systemgegner werden umgebracht/verfolgt. Regime wird durch Angst und Terror aufrechterhalten, Menschen trauen sich nicht, gegen [sie] vorzugehen" komprimiert. Zusätzlich wurden beiden Herrschern eine „[n]arzisstische Persönlichkeitsstörung, Gier nach Macht [und] Größenwahn" zugesprochen. Dementsprechend werden meine Standpunkte aus Punkt fünf Arbeit hierbei gestützt und erweitert.

Als Ursache für Voldemorts Verlangen nach Macht über die magische Bevölkerung und seinen damit verbundenen Kampf gegen Harry erwähnen die Befragten zum einen das Motiv einer „Aversion gegen Muggel", die größtenteils durch seine Kindheit verursacht wurde, zum anderen den Drang, seine Ideologien durchzusetzen.

Aus der Befragung ist zusätzlich die These entstammen, dass Harrys Kampf gegen Voldemort, abgesehen von der Rettung der magischen Welt, einen „Kampf für Gleichberechtigung" darstellt und als Musterbeispiel zu verstehen ist, „dass einige Wenige mit festem Willen gegen Ungerechtigkeit vorgehen und die Welt zu einem besseren Ort verändern können". Diese Auffassung stimmt mit meiner überein, denn ich bin ebenfalls davon überzeugt, dass J. K. Rowling mit Harry einen Helden geschaffen hat, der in einer von Rassismus geprägten Welt Vorbildcharakter in Bezug auf die Umgangsweise mit seinen Mitmenschen besitzt und von dem die Leser ihres Romans lernen können.

6.2 Fazit

Durch die Befragung konnte ich in vielerlei Hinsicht Bestätigung für meine bereits erarbeiteten Thesen gewinnen. Ich konnte feststellen, dass signifikante Auffassungen der Testpersonen über Thematiken des Rassismus und des Nationalsozialismus im Werk „Harry Potter" mit meinen übereinstimmen, sodass meine Thesen zusätzliche Unterstützung erhalten. Bezüglich einiger Aussagen eröffnete sich für mich ein neuer Blickwinkel auf Aspekte, die ich zuvor so nicht betrachtet oder wahrgenommen habe. Somit ergab sich neuer Anreiz, mich mit besagten Punkten weiter auseinander zu setzen und meine eigenen Standpunkte zu überdenken.

7. Schlusswort

Unter Berücksichtigung aller aufgeführter Standpunkte lässt sich sagen, dass in den „Harry Potter"-Romanen rassistisches Gedankengut eine bedeutende Rolle spielt, was besonders im Aspekt der Blutreinheit und der damit verbundenen Einteilung der Menschen in unterschiedliche Gruppen zum Vorschein kommt. Ebenfalls ließen sich Parallelen zwischen „Harry Potter" und der Zeit des Nationalsozialismus nachweisen, was vor allem durch ähnliche Herrschaftsprinzipien beider Machthaber bedingt ist.

Durch intensive Forschung zu den Themen Rassismus und Nationalsozialismus in Bezug zum Werk „Harry Potter" komme ich zu der Schlussfolgerung, dass eine Verknüpfung zwischen den besagten Punkten besteht. Der Rassismus im Roman mit dem der Realität ist insofern vergleichbar, dass eine Gruppe von einer anderen aufgrund von bestimmten Merkmalen ausgegrenzt wird. Dabei muss beachtet werden, dass es sich bei „Harry Potter" lediglich um eine fiktionale Umsetzung der Realität handelt, die an dieser orientiert ist. Dies kommt besonders bei den Parallelen zum Nationalsozialismus zum Ausdruck. Die signifikante Anzahl an Gemeinsamkeiten begründen meine Hypothese, dass die Romane auf der NS-Zeit basieren.

Aufgrund der durch meine Seminararbeit nachgewiesenen Inhalte eröffnet sich eine neue Perspektive auf die Romane, welche die Geschichte in pädagogischer Hinsicht weiterhin bereichert. Die Behandlung der Themen Rassismus und Nationalsozialismus sensibilisiert die Leser und führt sie von dieser Gewalt weg, weshalb die Romane besonders für junge Leser empfehlenswert sind.

8. Literatur- und Quellenverzeichnis

- Diße, Corinna: Alltagsrassismus in Deutschland. Die vielfältigen Gesichter verschleierter Diskriminierungserscheinungen inmitten der Offensichtlichkeit?. GRIN Verlag, München 2017, Leseprobe aus <https://www.grin.com/document/416970> [22.07.2019].
- Eickelberg, Gudrun: Rassismus und Kolonialherrschaft. 19.12.2013. <http://www.der-elefant-bremen.de/pdf/Rassismus_und_Kolonialherrschaft.pdf> [14.07.2019].
- Emcke, Carolin: Gegen den Hass. S. FISCHER Verlag GmbH, Frankfurt am Main 2016.
- Fest, Joachim: Hitler. Eine Biographie. Ullstein Verlag, Berlin 2003.
- Gehricke, Lisa: Die Politik in Harry Potter. Die Parallelen der deutschen Politik zwischen 1933 und 1945 und der deutschen Staatssicherheit mit dem Todesser-Regime. GRIN Verlag, München 2013, Leseprobe aus <https://www.grin.com/document/273147> [24.07.2019]
- Jäger, Siegfried: Rassismus und Rechtsextremismus –Gefahr für die Demokratie. <http://library.fes.de/fulltext/asfo/01014001.htm> [16.07.2019].
- Kühnl, Reinhard: Der Faschismus. Ursachen und Herrschaftsstruktur. Eine Einführung. Vierte, überarbeitete Auflage. Distel Verlag, Heilbronn 1998.
- Linzer, Claudia: "Mudbloods" und "Half-Breeds". Rassismus und Identitätszuschreibung in den Harry-Potter-Romanen. Tectum Wissenschaftsverlag, Marburg 2009.
- Lüdicke, Lars: Hitlers Weltanschauung. Von „Mein Kampf" bis zum „Nero-Befehl". Ferdinand Schöningh, Paderborn 2016.
- Lyubansky, Dr. Mikhail: Harry Potter and the word that shall not be named. The psychology of Harry Potter. An unauthorized examination of the boy who lived. 2007. <http://labs.psychology.illinois.edu/~lyubansk/Harry%20Potter.pdf> [25.07.2019].
- Möller, Carin: Mudbloods, Half-bloods and Pure-bloods. The issues of racism and race discrimination in J.K. Rowling's Harry Potter. Bachelorarbeit von 2014. <http://lup.lub.lu.se/luur/download?func=downloadFile&recordOId=4285141&fileOId=4285142> [25.07.2019].
- Müller, Rolf-Dieter: Der Zweite Weltkrieg. WBG, Darmstadt 2015.
- Osei, Marcus/ Reiners, Hartmut: Rassismus und Alltagsrassismus –Von der Tabuisierung zur akzeptierten Normalität?. Gedanken aus der Sicht der Erfahrungen von in der Anti-Rassismusarbeit Tätigen.

<http://www.aric-nrw.de/files/pdf/ARIC_AlltagsRassismus_VIA-MAGAZIN.pdf>
[30.07.2019].

- Pohl, Dieter: Holocaust. Die Ursachen, das Geschehen, die Folgen. Verlag Herder
  Spektrum, Freiburg im Breisgau 2000.

- Rana, Marion: Creating Magical Worlds. Otherness and Othering in "Harry Potter". Peter
  Lang GmbH, Internationaler Verlag der Wissenschaften, Berlin 2009.

- Rommelspacher, Birgit: Was ist eigentlich Rassismus?. 08.01.2009. <http://initiative-
  schluesselmensch.org/wp-content/uploads/2018/12/Rommelspacher-Was-ist-
  Rassismus.pdf> [14.07.2019].

- Rowling, Joanne K.: Harry Potter und der Stein der Weisen. Carlsen Verlag GmbH,
  Hamburg 1998.

- Rowling, Joanne K.: Harry Potter und die Kammer des Schreckens. Carlsen Verlag
  GmbH, Hamburg 1999.

- Rowling, Joanne K.: Harry Potter und der Gefangene von Askaban. Carlsen Verlag
  GmbH, Hamburg 1999.

- Rowling, Joanne K.: Harry Potter und der Feuerkelch. Carlsen Verlag GmbH, Hamburg
  2000.

- Rowling, Joanne K.: Harry Potter und der Orden des Phönix. Carlsen Verlag GmbH,
  Hamburg 2003.

- Rowling, Joanne K.: Harry Potter und der Halbblutprinz. Carlsen Verlag GmbH,
  Hamburg 2005.

- Rowling, Joanne K.: Harry Potter und die Heiligtümer des Todes. Carlsen Verlag GmbH,
  Hamburg 2007.

- Rowling, Joanne K.: Phantastische Tierwesen und wo sie zu finden sind. Von Newt
  Scamander. Carlsen Verlag GmbH, Hamburg 2017.

- Schirrmacher, Thomas: Rassismus. Alte Vorurteile und neue Erkenntnisse, SCM
  Hänssler, Holzgerlingen 2009.

- Stein, Falk N.: Von Alraune bis Zentaur. Ein Harry Potter Lexikon. Albatros Vertrag,
  Düsseldorf 2000.

- Tofahrn, Klaus W.: Chronologie des Dritten Reiches. Ereignisse, Personen, Begriffe.
  Primus Verlag, Darmstadt 2003.

- Unbekannt: Tom Riddle. Absätze: Kindheit, Schulzeit in Hogwarts, Beschäftigung nach
  Hogwarts.

<https://harrypotter.fandom.com/de/wiki/Tom_Riddle#WikiaArticleComments>
[29.07.2019]

- Walters, Tiffany L.: Not So Magical: Issues with Racism, Classism, and Ideology in Harry Potter. Masterarbeit von 2015.
<https://commons.nmu.edu/cgi/viewcontent.cgi?article=1045&context=theses>
[24.07.2019].

- Wismeg, Rebecca: Freiheit, Gleichheit, Brüderlichkeit? Die Harry-Potter-Reihe im Horizont einer Wertedebatte. Magisterarbeit, GRIN Verlag, München 2012. < https://www.hausarbeiten.de/document/204210> [12.08.2019].

- Yates, David (2007): Harry Potter und der Orden des Phönix [DVD], Vereinigte Staaten und Vereinigtes Königreich: Warner Bros.

- Zehnpfennig, Barbara: Adolf Hitler: Mein Kampf. Studienkommentar. Wilhelm Fink Verlag, München 2011.

- Zerger, Johannes: Was ist Rassismus?. Lamuv, Göttingen 1997.

9. Anhang

9.1 Begriffsklärungen

Antisemitismus: Antisemitismus ist ein Synonym für Judenhass.

Askaban: Askaban ist das Zaubereigefängnis der magischen Welt, welches sich auf einer Nordseeinsel befindet. Die Kontrolle unterliegt dem Zaubereiministerium.

B.ELFE.R: Bei B.ELFE.R handelt es sich um den „Bund für Elfenrechte", der von Hermine Granger gegründet wurde, um für Rechte von Hauselfen einzustehen. Unteranderem soll somit erreicht werden, dass Hauselfen ihren Sklavenstatus verlieren und stattdessen für ihre Arbeit bezahlt werden.

Dolores Umbridge: Dolores Umbridge ist eine hinterhältige und unsympathische Ministeriumangestellte, die in Harry Potters fünftem Schuljahr das Fach Verteidigung gegen die dunklen Künste unterrichtet. Durch neue Gesetze des Ministeriums erlangt sie in Hogwarts zunehmend Befugnisse, sodass sie als Großinquisitorin befähigt war, den Unterricht anderer Lehrer mit der Absicht zu inspizieren, diese zu entlassen.

Dunkles Mal: Das Dunkle Mal wurde zum Symbol Voldemorts Schreckensherrschaft. Der linke Arm jedes Todessers wird von ihm damit markiert, wodurch eine Verbindung zwischen Voldemort und seinen Anhängern hergestellt wird.

Ethnizität: Ethnizität ist ein Begriff zur Einteilung kultureller Identitäten, der ebenfalls zur Selbst- sowie Fremdeinordnung dient.

Halbblut: Als Halbblüter werden Zauberer oder Hexen bezeichnet, in deren Vorfahren Muggel zu finden sind.

Hogwarts: Hogwarts ist eine Zauberschule, welche Personen, die der Zauberei bemächtigt sind, ab ihrem elften Lebensjahr besuchen, um ihre magischen Fähigkeiten zu trainieren und mehr über die Zauberei zu erlernen.

Kammer des Schreckens: Die Kammer des Schreckens ist eine Halle, die sich unter dem See von Hogwarts befindet und von Salazar Slytherin eingerichtet wurde. In ihr befindet sich eine gefährliche Riesenschlange, der Basilisk, welcher Menschen mit seinem Blick töten kann.

Liebestrank: Ein Liebestrank ist ein Zaubertrank, der ein starkes Verlangen nach einer Person verursacht. Dabei handelt es sich aber nicht um echte Liebe.

Lykanthropie: Lykanthropie ist die Krankheit, welche während Vollmondnächten die Verwandlung eines Menschen in einen Werwolf verursacht. Diese Krankheit wird durch einen Biss eines anderen Werwolfs übertragen.

Muggel: Ein Muggel ist eine Person ohne magische Fähigkeiten, unter dessen Vorfahren sich ebenfalls keine Magiker befinden. Sie haben keinerlei magisches Blut in sich.

Muggelkunde: Muggelkunde ist ein Schulfach in Hogwarts, welches ab der dritten Klasse wahlweise belegt werden kann. Dabei wird den Schülern mehr über das Leben nichtmagischer Menschen beigebracht.

Muggelstämmige/-r: Muggelstämmige sind Hexen oder Zauberer, dessen Eltern kein magisches Blut besitzen.

Reinblüter: Ein Reinblüter ist eine Person in dessen Abstammungslinie kein Muggelblut zu finden ist.

Remus Lupin: Remus Lupin ist ein mit Lykanthropie erkrankter Zauberer, der in Harry Potters drittem Schuljahr die Stelle des Lehrers im Fach Verteidigung gegen die dunklen Künste übernimmt. Dabei war er der erste tatsächlich qualifizierte Lehrer, der jedoch stets versuchen musste, seine Krankheit zu verheimlichen, aufgrund der allgemeinen Vorurteile gegen Werwölfe.

Rubeus Hagrid: Rubeus Hagrid ist Wild- und Schlüsselhüter in Hogwarts, welcher auch zeitweilig als Lehrer im Fach Pflege magischer Geschöpfe arbeitet. Aufgrund seiner Riesenabstammung wird er von vielen Personen nicht respektiert.

Schlammblut: Schlammblut ist eine schlimme Beleidigung für eine muggelstämmige Hexe oder einen muggelstämmigen Zauberer.

Squib: „Squib" ist die Bezeichnung für eine Person ohne magische Fähigkeiten, die allerdings aus einer magischen Familie abstammt. Squibs haben also die magische Begabung ihrer Eltern nicht geerbt.

Tagesprophet: Der Tagesprophet ist die bekannteste Tageszeitschrift der magischen Bevölkerung Großbritanniens.

Todesser: Bei Todessern handelt es sich um die Anhänger des bösen Zauberers Voldemort, die auf Grundlage von Rassismus versuchen, die dunkle Seite an die Macht zu bringen.

Zaubereiministerium: Das Zaubereiministerium stellt die Regierung der magischen Gemeinschaft Großbritanniens dar, dessen Aufgabe es ist, für Ordnung in der magischen Welt zu sorgen.

9.2 Darstellungen zur Visualisierung

Abbildung 1 <http://vignette4.wikia.nocookie.net/harrypotter/images/f/f6/DSCF4427.jpg/revision/latest?cb=-20140412220144&path-prefix=de > [25.08.2019]

Auf der Abbildung wird eine Sequenz aus dem Film „Harry Potter und der Orden des Phönix" gezeigt, auf dem der Wandteppich der Familie Black mitsamt der unkenntlich gemachten Gesichter ungewollter Familienmitglieder porträtiert wird.

Abbildung 2 <https://unterwegsmitannika.files.wordpress.com/2013/11/hp-blog66.jpg > [25.08.2019]

Abbildung 2 stellt einen Ausschnitt der „Magie ist Macht"-Statue des Ministeriums dar, die in der „Harry Potter"- Studiotour ausgestellt ist. Darauf sieht man eng zusammengedrängte Menschen unter dem Sockel der Statue, welche sehr angestrengt wirken.

Abbildung 3 <https://upload.wikimedia.org/wikipedia/commons/c/c7/Nuremberg_laws_Racial_Chart.jpg> [25.08.2019]
Das neue Reichsbürgergesetz vom 15.09.1935 wird auf Abbildung 3 dargestellt. Bei dem Gesetz handelt es sich um eine neue Klassifizierung von Juden und damit verbundene Heiratsbeschränkungen.

9.3 Umfragebögen

1. Befragung-Harry Potter

Fallen dir Beispiele ein, an denen man Rassismus innerhalb der Harry Potter-Romane feststellen kann? Welche?

> Schikane der „Schlammblüter" durch „Reinblütern"

Denkst du, dass die Familie Dursley rassistisch gegenüber Zauberern ist, oder findest du ihr Verhalten gerechtfertigt aufgrund von Petunias Vorgeschichte mit ihrer Schwester?

> Rassismus eher als Begleiterscheinung der Abneigung ggü. der Familie Potter insb. Harry, also kein explizit „reiner Rassismus"

Denkst du, dass der Rassismus in der Harry Potter-Reihe mit dem in unserer Welt vergleichbar ist? Inwiefern?

> Eher nicht vergleichbar, da sich beide Welten dahingehend unterscheiden, dass in der Zaubererwelt direkt augenscheinliche Unterschiede (Fähigkeit zur Zauberei oder nicht) vorhanden sind, während Rassismus in dieser Welt auf „eingebildete" Unterschiede (Hautfarbe, Religion, etc.) beruht

Denkst du, dass der Konflikt zwischen Totessern und dem Rest der Bevölkerung durch Rassismus zu erklären ist? Wie kann man es deiner Meinung nach erklären?

> Todesser haben vermutlich untersch. v.a. biographische Begründungen für ihre Mitgliedschaft bei den Todessern

> ergo Rassismus wieder als Begleiterscheinung, Todesser haben primäres Ziel Sieg über Muggel und Zauberer zu erlangen

Findest du das Verhalten Voldemorts mit dem von Adolf Hitler vergleichbar? Inwiefern?

> nicht vergleichbar, da Hitler zur Machtergreifung legale Mittel nutzte; Voldemort nutzt aggressive Mittel

> Hitler verfolgte rassistische Ziele („Lebensraum im Osten"), Voldemort will einfach der böseste Zauberer sein und Welt erobern (rassistische Motive als Teil der „Begründung", aber allein nicht hinreichend für Erklärung)

23

Denkst du, der Kampf Harry Potters gegen Voldemort und seine Gefolgschaft hat noch eine tiefergreifendere Bedeutung? Welche?

> *nicht i.S. einer Metapher für aktuelle Gesellschaft*

Sind dir beim Lesen beziehungsweise Schauen von Harry Potter Gemeinsamkeiten zur Zeit des Nationalsozialismus aufgefallen? Welche?

> *keine Gemeinsamkeiten beim Schauen / Lesen, nur bei tieferer Überlegung*

Was war, deiner Meinung nach, Voldemorts Beweggrund, gegen Harry Potter zu kämpfen und die Herrschaft über die magische Welt zu übernehmen?

> *Kampf gegen Harry: Rache dafür, dass Voldemort im ersten „Kampf" gegen Harry verloren hat*

> *Herrschaft über magische Welt: Machtgier und schlichte Bosheit*

2. Befragung-Harry Potter

Fallen dir Beispiele ein, an denen man Rassismus innerhalb der Harry Potter-Romane feststellen kann? Welche?

Todesser → Muggle, Halbblüter, Squibs, Hexen und Zauberer aus Muggelfamilien

Große Teile der Zaubererwelt gegenüber Hauselfen; Halbriesen etc.

Der Brunnen im Zauberreiministerium (Hexe und Zauberer ganz oben, alle anderen Kreaturen als ihnen untergeordnet)

Insbesondere Umbridge gegenüber allen „Halbwesen" (Hagrid als Halbriese, Zentauren)

Malfoy gegenüber Hermine (Schlammblut)

Dursleys gegenüber der Zaubererwelt

Denkst du, dass die Familie Dursley rassistisch gegenüber Zauberern ist, oder findest du ihr Verhalten gerechtfertigt aufgrund von Petunias Vorgeschichte mit ihrer Schwester?

Sie sind rassistisch gegenüber Zauberern, dies wird nicht durch Petunias Vorgeschichte gerechtfertigt. Petunias Abneigung rührt von Neid her und nicht wirklich von einschneidenden negativen Ereignissen

Denkst du, dass der Rassismus in der Harry Potter-Reihe mit dem in unserer Welt vergleichbar ist? Inwiefern?

Das Regime unter Voldemort ist mit dem der Nazizeit zu vergleichen → schon lange zuvor gab es einen latenten aber stehts vorhandenen Rassismus, dieser wurde durch Voldemort nur noch eskaliert.

Des Weiteren gibt es viele unterschwellig rassistische Menschen, was auch in der heutigen Gesellschaft zu finden ist (vgl. Slughorn, der überrascht ist, dass Hermine als Muggelgeborene die beste des Jahrganges ist)

Viele rassistische Gedankengänge sind in der weiten Bevölkerung zu finden, auch wenn es oft nicht zu einer offenen Diskriminierung kommt, werden Randgruppen oft benachteiligt. Reinblütige Familien haben oft mehr Geld als andere, die Weaslys sind als Blutsverräter bekannt, da sie keine Abneigung gegen Muggel und Muggelgeborene haben.

Denkst du, dass der Konflikt zwischen Totessern und dem Rest der Bevölkerung durch Rassismus zu erklären ist? Wie kann man es deiner Meinung nach erklären?

Typisch rassistisch motivierte Gewalttaten; auch ausgelöst durch ein Machtmotiv + Angst davor, Minderwertig zu sein (vgl. Draco Malfoy ist in den Prüfungen immer schlechter als Hermine)

Auch Angst vor Voldemort (vgl. Familie Malfoy die am Ende nur noch kooperieren, damit ihre Familie nicht in noch größerer Gefahr ist)

Findest du das Verhalten Voldemorts mit dem von Adolf Hitler vergleichbar? Inwiefern?

Sehr ähnliches Regime, allerdings ein anderer Hintergrund; Voldemort ist selbst nur ein Halbblut (eine Gruppe die er eigentlich als Minderwertig ansieht)

Allerdings werden die „Minderwertigen" Menschen zusammengetrieben und da umgebracht (7. Buch, die Fakeverhörungen bei denen Massenweise Muggelstämmige umgebracht werden); Systemgegner werden umgebracht/verfolgt. Regime wird durch Angst und Terror aufrechterhalten, Menschen trauen sich nicht, gegen ihn vorzugehen

Denkst du, der Kampf Harry Potters gegen Voldemort und seine Gefolgschaft hat noch eine tiefergreifendere Bedeutung? Welche?

Als Aufruf zum Ungehorsam gegen Ungerechtigkeit, Warnsignal vor Rassistischen Regimen; Als Beispiel, dass einige Wenige mit festem Willen gegen Ungerechtigkeit vorgehen und die Welt zu einem besseren Ort verändern können

Sind dir beim Lesen beziehungsweise Schauen von Harry Potter Gemeinsamkeiten zur Zeit des Nationalsozialismus aufgefallen? Welche?

Strenge Hierarchien, Verfolgung von Unerwünschten, starke Überwachung, Gewalt wird toleriert und z.T. gefördert; Ungerechtigkeit wird gerechtfertigt (Muggelstämmige haben ihre Zauberkraft gestohlen vs. Juden an allem die Schuld geben); Massentötung unschuldiger, Verschwinden von Leuten, Angst als Steuerungsinstrument, enger Kreis von eingeweihten, Jugend soll besonders beeinflusst werden (Hogwarts wird verpflichtend vs Hitlerjugend)

Was war, deiner Meinung nach, Voldemorts Beweggrund, gegen Harry Potter zu kämpfen und die Herrschaft über die magische Welt zu übernehmen?

Machtübernahme: Voldemort ist ein Psychopath, welcher ein sehr hohes Machtmotiv hat und eine stark sadistische Seite. Diese kann er am besten als starker Alleinherrscher ausleben

Kampf gegen Harry Potter: Voldemort sah sich immer als quasi unbesiegbar, allerdings scheint er recht Abergläubisch zu sein (siehe Horkruxe, diese sind nur besondere Gegenstände, dabei wäre ein Stein versenkt im Meer oder so viel schlauer). Durch die Prophezeiung sieht er einen Weg sich unsterblich zu machen, indem er den einzigen Weg ihn zu stürze unschädlich macht